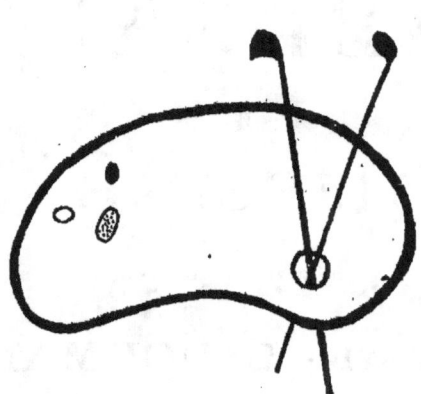

DEBUT D'UNE SERIE DE DOCUMENTS
EN COULEUR

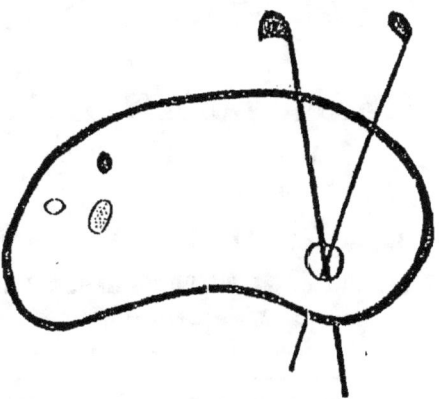

FIN D'UNE SERIE DE DOCUMENTS
EN COULEUR

CATALOGUE
DE
TABLEAUX
ET
DESSINS
VENDUS APRÈS DÉCÈS DE

M. Charles LENORMANT
MEMBRE DE L'INSTITUT

DONT LA VENTE AURA LIEU

LE JEUDI 15 MARS 1860
EN L'HOTEL DES COMMISSAIRES-PRISEURS
(Rue Drouot)
GRANDE SALLE, N° 5, AU 1ᵉʳ ÉTAGE,

Par le ministère de Mᵉ **SCHAYÉ**, Commissaire-Priseur,
rue de Cléry, 5;
Assisté de M. **DHIOS**, Expert, rue Le Peletier, 33.

EXPOSITIONS

Publique : le Mardi 13 Mars 1860 ;
Publique : le Mercredi 14 Mars.

Ce Catalogue servira de Carte d'Entrée à l'Exposition particulière.

PARIS
RENOU ET MAULDE
IMPRIMEURS DE LA COMPAGNIE DES COMMISSAIRES-PRISEURS
Rue de Rivoli, 144.

1860

CONDITIONS DE LA VENTE.

Elle sera faite au comptant.

Les Acquéreurs paieront CINQ pour cent, en sus des adjudications, applicables aux frais.

Le Catalogue se distribue :

A Londres............	Chez MM.	GOLNAGHI, marchand d'Estampes.
A Saint-Pétersbourg	—	VON REGMORTER.
A Bruxelles.........	—	LEROY, expert du Musée Royal.
A Amsterdam.......	—	DEVRIES.
A Rotterdam.......	—	LAMME.
A Vienne...........	—	ARTARIA et Cie.
A Berlin............	—	PASSALACQUA, Directeur du Musée.

Le portrait de M.me Récamier
a été peint par Gérard en 1801. Il est
resté en la possession de M.me Récamier
jusqu'en (1823, septembre), époque où il fut envoyé
par elle au prince Auguste de Prusse
en échange du tableau de Corinne du
même artiste. A la mort du prince
Auguste, en 1843, d'après la volonté
exprimée dans le testament du prince,
il fut renvoyé par le gouvernement
prussien à M.me Récamier. A la mort de
M.me Récamier il a passé aux mains
de M.me Lenormant sa nièce et son

Léritière.

Ce portrait n'a jamais été copié ni gravé.

Il en existe seulement:

Une petite réduction faite par Achille Devéria, dans les galeries de portraits historiques du Palais de Versailles.

Une eau-forte exécutée d'après cette réduction, dans l'<u>Oeuvre du baron Gérard</u>, publiée par M. Henri Gérard.

Un dessin de Minardi, légué par M.me Récamier au Musée de Lyon.

Grévedon en a lithographié la tête,

mais un très petit nombre d'exemplaires de cette lithographie se trouvent dans le commerce et seulement par suite d'une infidélité.

La Collection dont nous donnons ici le Catalogue se compose uniquement de Tableaux modernes, et seulement de vingt-un numéros. Mais tous ces Tableaux sont du meilleur choix ; et il en est, dans le nombre, qui présentent le plus haut intérêt. Nous croyons surtout en devoir signaler deux d'une manière toute particulière aux Amateurs.

Le premier que nous citerons est le magnifique et célèbre portrait de Mme Récamier, par Gérard, n° 4, possédé pendant un certain temps par le prince Auguste de Prusse, et revenu, après sa mort, de Berlin à Paris. Ce portrait, peint en 1801, c'est-à-dire dans tout l'apogée du talent de Gérard, est un des chefs-d'œuvre de ce maître et, sans contredit, le plus beau portrait de femme qu'il ait jamais exécuté. De plus, outre le mérite supérieur d'art que présente ce portrait, il offre un véritable intérêt historique par le nom de la personne célèbre dont il retrace les traits, personne sur laquelle une publication récente a rappelé toute l'attention du public.

Nous signalerons aussi le pastel n° 1, par Mme Lebrun. C'est une peinture si fine, si délicate, d'un ton si frais et si gracieux que, sans la signature, on la prendrait volontiers pour un Greuze. Mme Lebrun, dans ses *Mémoires*, cite ce pastel comme un de ses ouvrages qu'elle considérait comme les meilleurs.

Quant à la Miniature de Hall, n° 2, elle doit aussi être comptée parmi les pièces les plus précieuses de la Collection, et par sa finesse, et par l'intérêt de curiosité que présente un portrait de Mlle Necker, fait avant son mariage avec le baron de Staël, alors que quelques premiers écrits commençaient sa renommée littéraire.

Moniteur des arts

— La perte si regrettable de M. Ch. Lenormant, membre de l'Institut, va livrer aux hasards des enchères le magnifique portrait de Mme Récamier, peint en 1801 par Gérard. Cette femme illustre est représentée gracieusement assise sur un canapé. L'artiste, s'inspirant des charmes de son modèle, a fait de ce portrait un véritable chef-d'œuvre que se disputeront les amateurs. Il en sera de même du buste en marbre de cette célébrité, connu sous le nom de Béatrice, exécuté par Canova, en 1814.

Un précieux portrait de Mlle Necker (Mme de Staël à vingt ans), peint par Hall, un ravissant pastel par Lebrun et plusieurs autres objets remarquables, viendront compléter l'attrait de cette vente, qui sera faite le 15 mars par Schayé, commissaire-priseur, assisté de M. Dhios, expert.

Journal des Débats

Le 15 de ce mois aura lieu, à l'hôtel Drouot, la vente, après le décès de M. Charles Lenormant, membre de l'Institut, des tableaux et dessins qui lui ont appartenu. Cette collection est peu nombreuse, mais elle renferme plusieurs morceaux qui exciteront l'intérêt et la curiosité publique. Outre des peintures et dessins de MM. Aligny, le comte Turpin de Crissé, T. Rousseau, Schnetz, il s'y trouve un beau pastel de Mme Le Brun, représentant une jeune fille respirant une rose, puis le portrait de Mlle Necker (Mme de Staël) à l'âge de vingt ans, miniature de Hall.

L'ouvrage capital de cette collection est le portrait en pied de Mme Récamier, peint par F. Gérard. Cette peinture, exécutée en 1801, à l'époque où le talent de l'auteur de *l'Entrée d'Henri IV à Paris* était dans tout son éclat, est le portrait de Mme Récamier possédé pendant quelque temps par le prince Auguste de Prusse et revenu en France après la mort de ce prince. Indépendamment du mérite remarquable de l'ouvrage, la célébrité de la personne qui y est représentée lui donne en quelque sorte un caractère historique qui en relève encore l'importance.

Deux sculptures attireront l'attention : un médaillon en marbre de Mme Récamier, par Pradier, et le buste de cette dame par Canova, connu sous le nom de *la Béatrice*.

Parmi les dessins, il en est un de la *Vue du château d'Arenenberg*, signé L. Napoléon Bonaparte. On lit dans les souvenirs tirés des papiers de Mme Récamier que ce dessin à la sépia fut exécuté pour cette dame par S. M. l'Empereur Napoléon III dans l'automne de 1832.

L'exposition de ces objets aura lieu en particulier le mardi 13 mars, publiquement le 14, et la vente se fera le lendemain 15, à l'hôtel Drouot.

7 mars 1860

E^{ne}-Jⁿ DELÉCLUZE.

L'UNION

8 mars

BEAUX-ARTS.
Vente des tableaux de M. Charles Lenormant.

Portrait de Mme Récamier, par Gérard.

Il y a peu de jours, nous parlions à nos lecteurs d'un bas-relief grec, que nous devions au goût et aux soins de M. Charles Lenormant. Aujourd'hui, nous venons leur annoncer la vente des tableaux que M. Charles Lenormant a collectionnés pendant sa vie. Il n'est pas besoin d'ajouter que cette collection est curieuse et intéressante, et que parmi les tableaux qui la composent, il en est plusieurs dignes d'attirer et même de passionner les amateurs.

Mais à coup sûr, aucun ne provoquera autant de curiosité et de convoitises que le portrait de Mme Récamier par Gérard. Il n'est peut-être pas, dans ce siècle, d'œuvre plus complète que celle-là. Il n'en est pas, à coup sûr, qui fasse plus d'honneur à l'artiste. Je ne formule pas ce jugement sans un long examen, et je crois que tous ceux qui verront ce portrait seront de mon avis. Jamais les qualités des maîtres de la Restauration, que les romantiques ont si brutalement niées, et que nous, venus après les romantiques nous n'avons peut-être pas suffisamment appréciées, jamais, dis-je, ces qualités n'ont brillé d'un plus vif éclat. On voit dans ce tableau, si le soin, la sévérité, la correction nuisent le moins du monde à l'effet, à la beauté, à la vie. Par sa pureté, sa finesse, son harmonie excessives, ce portrait peut se comparer aux œuvres les plus suaves; et pour la réalité et le mouvement, il ne le cède en rien aux tableaux de ceux qui prétendent avoir inventé ces qualités. Quant à l'exécution proprement dite, elle est aussi fort remarquable. Le pinceau n'a pas laissé de traces. La pâte a la finesse, le velouté et l'éclat de l'émail; elle en a aussi la transparence et la solidité.

Mme Récamier est représentée assise, ou plutôt à moitié étendue sur un long canapé. Elle est vêtue d'une sorte de robe blanche, dans ce goût ridicule, renouvelé des Grecs, que le Directoire avait inauguré. Un châle jaune retombe jusqu'à ses genoux. Telle est la beauté du modèle que ce costume n'ôte rien à ses charmes. Mme Récamier est coiffée en cheveux; ses pieds sont nus, ce qui était encore de mode en ce temps-là. Même, pour donner à son personnage un caractère tout à fait mythologique, le peintre l'a représentée sur le point d'entrer au bain. La mise en scène est d'un goût non moins grec. Il y a des colonnes de marbre; la baignoire est creusée dans le marbre, et l'eau qui en déborde vient mouiller, *irriser*, si l'on veut, les pieds du personnage. Oh! ces pieds! avec quel soin, quelle patience, quelle finesse le peintre les a peints! On dit que c'est aux extrémités qu'on reconnaît les maîtres. Eh bien ! qu'on étudie les mains et les pieds de ce portrait, qu'on étudie ces contours purs, ces veines bleues, ces chairs roses et nacrées; et l'on dira si jamais peintre a déployé, et avec plus de bonheur, plus de coquetterie.

Il est vrai que plusieurs circonstances s'étaient trouvées réunies pour forcer le peintre, en quelque sorte, à déployer ses dernières ressources. D'abord David avait essayé de faire le portrait de Mme Récamier; il n'avait pas réussi; son ébauche avait été critiquée; elle ne rendait pour personne le charme du modèle. Lui-même, David, n'en était pas content, et il interrompit son travail, non point, comme on l'a dit, par un caprice du modèle, mais par sa seule volonté. Cette esquisse, je le dis en passant, se trouve en ce moment au Louvre; elle fut vendue en 1829, par les héritiers de David, et achetée pour six mille francs par M. Charles Lenormant, qui la céda ensuite au Musée. Mais lorsqu'elle parut, je le répète, cette esquisse ne satisfit personne.

La situation était en quelque sorte décisive, et quand le maître désertait volontairement l'arène, un autre ne pouvait s'y présenter qu'avec la ferme volonté et la certitude, pour ainsi dire, de remporter la palme. C'est ce qui arriva.

M. Récamier désirait avoir un portrait de sa femme. Tous les admirateurs, tous les amis de cette femme, qui fut bonne autant que belle, le désiraient aussi. Quand il vit que David renonçait à l'entreprise, M. Récamier s'adressa à Gérard. Gérard accepta, à la condition qu'on ne l'interrompait pas. En fort peu de temps, il acheva son œuvre. Ce fut un événement. Cela se passait vers 1801. L'élite de la société parisienne voulut contempler ce portrait avant qu'il fût exposé. On raconte à ce sujet diverses anecdotes, et je veux en répéter une, parce qu'elle est caractéristique pour le peintre et pour l'œuvre dont nous nous occupons.

Gérard, on le sait, n'était pas d'humeur aimable ni d'un abord facile, surtout quand il peignait. D'ailleurs les succès l'avaient gâté. Cependant tout le monde demandait la faveur d'être admis à l'atelier. Cédant au désir général, Gérard laissa sa porte libre pendant les dernières séances. Mais la présence, les chuchotemens de tant de gens, peut-être leurs observations, impatientèrent bien vite l'artiste, et de temps à autre on le voyait se lever et gesticuler avec irritation. Mme Récamier était trop fine pour ne pas deviner la cause de ces vivacités; aussi éloigna-t-elle peu à peu ses amis. Quelques jours après, l'un d'eux, M. de Lamoignon, lui témoigna en termes très pressans, le désir d'assister à la dernière séance. Il n'avait pas encore vu, disait-il, une œuvre que tout le monde avait vue, dont tout le monde s'occupait, et il voulait, lui aussi, pénétrer chez le peintre. Mme Récamier répondit qu'elle redoutait fort l'impatience de Gérard.

— Oh ! n'est-ce que cela ? dit M. de Lamoignon ; soyez sans inquiétude. Gérard a toujours été fort aimable avec moi ; il est de mes amis. Je suis sûr que ma visite lui fera plaisir.

Le lendemain, pendant la séance, on frappe discrètement à la porte de l'atelier. Soudain le front de l'artiste se rembrunit ; il fronce les sourcils et fait mine de jeter sa palette. Mme Récamier veut l'adoucir et lui dit timidement :

— On frappe à votre porte, monsieur Gérard. Je crois que c'est M. de Lamoignon, un homme qui admire fort votre talent.

Et comme Gérard feignait de n'avoir pas compris, on frappe de nouveau, et cette fois M. de Lamoignon s'annonce lui-même.

— C'est moi, M. de Lamoignon, monsieur Gérard ; qui sollicite l'honneur d'être admis.

Gérard, furieux, se lève, entrebâille la porte, sa palette d'une main, son garde-main de l'autre.

— Entrez, monsieur, dit-il, entrez ; mais après, je crèverai mon tableau ; oui, je le jure, je crèverai mon tableau ! répétait-il, en poussant en quelque sorte M. de Lamoignon dans l'atelier.

M. de Lamoignon, en homme du monde, dissimula avec beaucoup de modération et de bon goût le mécontentement que lui causait cette boutade, et il répondit en s'inclinant :

— Je serais au désespoir, monsieur, de priver la postérité d'un tel chef-d'œuvre.

Et il sortit.

J'ai raconté cette anecdote moins pour montrer la bizarrerie et l'irritabilité de Gérard que pour faire connaître quelle impression le portrait de Mme Récamier produisit dès son apparition. Depuis il a eu des fortunes diverses. Il est resté quinze ans à Berlin, entre les mains du prince Auguste de Prusse, qui, par son testament, a ordonné qu'il fût rendu à Mme Récamier, de l'amitié de laquelle il le tenait.

On ne connaît pas en France ce portrait, pour ainsi dire. Il n'a jamais été exposé, jamais gravé, ni même lithographié. On a gravé la tête seulement, et d'une façon très peu satisfaisante. Il n'est donc pas douteux qu'il ne produise une très vive impression.

Et que va-t-il devenir? en quel lieu du monde va se perdre cette peinture si doublement française; chef-d'œuvre d'un des maîtres de notre école, et portrait d'une femme qui tient par tant de points à notre histoire? Va-t-elle devenir Allemande, ou Anglaise, ou bien Cosaque? On comprend que tous les artistes, tous les amateurs, tous les gens lettrés, et même tous les gens du monde, soient vivement inquiets du sort d'une œuvre qui les intéresse tous. La place d'une telle œuvre n'est-elle pas au Louvre, au milieu des œuvres reines de l'école française? et chacun d'entre nous n'aura-t-il pas désormais la faculté d'admirer à loisir une peinture, de premier ordre qui, en outre, a le mérite de reproduire avec bonheur les traits d'une femme justement célèbre, dans laquelle se sont résumés, d'une façon merveilleuse, le charme, le prestige, le génie des femmes dans notre société ?

C'est là le vœu le plus ardent de la famille qui est forcée de s'en défaire, et la seule consolation qui puisse adoucir la douleur qu'elle éprouve de se séparer d'un objet, qui lui est cher à d'autres titres qu'au public.

Les autres tableaux de M. Lenormant, pâlissent à côté de cette œuvre admirable, à l'exception toutefois du buste de Mme Récamier, par Canova, qui forme au portrait de Gérard un beau pendant. Cependant les autres toiles ne sont pas sans mérite, il n'en est aucune, au contraire, qui, par quelque côté, ne soit très intéressante et très curieuse. Presque toutes d'ailleurs sont de peintres célèbres. Je vais les énumérer rapidement.

MADAME LEBRUN. — *Jeune fille respirant une rose.* Pastel très doux et très fin.

SCHNETZ. — *Tête de musulman blessé.* Étude pleine d'une vigueur et d'une vérité fort rares pour l'auteur.

PERROT. — *La Porte Volterra (Toscane).* — Peinture douce et lumineuse. Le ciel surtout a un grand éclat.

DE FORBIN-JANSON. — *La Villa Borghese.* — Très beau spécimen de maître, dont il faudrait compléter la collection.

ROUSSEAU. — Qui est dépaysé dans cette galerie des maîtres de la Restauration. Cette toile a ses qualités ordinaires.

ALIGNY. — *La villa d'Este.* — C'est peut-être la meilleure peinture de l'artiste. Avec sa noblesse ordinaire, elle a une finesse et un éclat que les autres ont rarement. Elle représente un soleil couchant en Italie. — Il y a encore un fort beau dessin du même maître.

CHAUVIN. — Peintre français, plus connu en Italie qu'en France. Il a vécu longtemps à Rome. Il est beau-frère de M. Duban. Ses œuvres sont fort recherchées des étrangers. Le tableau de M. Lenormant représente un paysage vu à travers une fenêtre ouverte C'est fort ingénieux et très bien fait.

HUBERT-ROBERT. — *Jardin des Petits-Augustins.* — Cette toile est fort curieuse. Elle représente un des coins les plus gracieux de cet ancien Paris qui a disparu Ce Jardin, qui n'était autre qu'une promenade, est reproduit avec esprit et avec facilité. On peut y observer l'ancienne société. A travers les allées sont rangés des monumens funèbres. On lit les épitaphes de Turenne, de Boileau, de Diane de Poitiers, de Descartes, etc.

TURPIN DE CRISSÉ. — *Vue de Naples.* — Tableau bizarre qui a l'aspect d'une gouache, fait d'ailleurs avec grand soin. On connaît le motif. D'un côté, de grands pins-parasols; de l'autre, la mer bleue; au fond, le blanche Parthénope ; par derrière, le Vésuve et ses laves ; par-dessus, un ciel d'azur. Sur le premier plan, des vendangeurs cueillent des grappes vermeilles, et cette scène champêtre fait un contraste aimable avec la grandeur du tableau.

DE LA BERGE. — Il y a deux paysages de cet artiste. Une étude réaliste représentant *Une rue du Mont Saint-Michel*, qui prouvera que nous n'avons pas inventé non plus le réalisme pittoresque ; et pour contraste un paysage historique : *Les filles de Cécrops découvrant le jeune Erichthonius*. Ce paysage a été fait pour le concours ; il méritait le prix ; aujourd'hui il l'aurait remporté ; il n'obtint pas même une mention, précisément à cause des qualités qu'il a et qu'on ne prisait pas alors. En effet, malgré ses prétentions et ses efforts louables, l'artiste n'a pu sortir de la réalité. Il a eu beau suivre de point en point le programme convenu, mettre des arbres à droite, des rochers à gauche, un temple dans le fond, avec des personnages en toge sur le premier plan ; quoi qu'il en eût, il a jeté sur tout cela une certaine sève d'originalité et de spontanéité, autrement dit de vie, qui le perdirent aux yeux des juges. Ce tableau, poussé au noir, n'en a pas moins une assez belle couleur, de la largeur, de la lumière ; il complète dignement la collection que je viens de faire connaître à mes lecteurs.

DUBOSC DE PESQUIDOUX.

Feuilleton de l'Ami de la Religion

DU 10 MARS.

par m. Victor Fournel

CHRONIQUE DES BEAUX-ARTS.

Vente des tableaux, dessins et sculptures provenant de la succession de M. Ch. Lenormant. — Mort de Raffet. — Photographies de MM. Bisson frères.

Voici une nouvelle qui va mettre le monde des amateurs en émoi. Jeudi prochain, 15 mars, on vendra à l'hôtel Drouot la petite, mais précieuse collection de tableaux et dessins provenant de la succession de M. Charles Lenormant. Le goût parfait de l'illustre archéologue serait à lui seul une garantie suffisante de la valeur des œuvres qui composent cette collection, quand même nous ne saurions pas combien certaines circonstances particulières ont contribué à l'enrichir. Elle ne se compose que d'œuvres modernes et comprend seulement vingt et un numéros, mais tous les morceaux sont de choix, et quelques-uns comptent parmi les chefs-d'œuvre de l'art : une attention bienveillante nous a permis de nous en convaincre, et le public pourra s'en assurer à son tour dans l'exposition qui précédera le jour de la vente.

Nous trouvons d'abord quelques tableaux à l'huile du comte de Forbin, de Perrot et de Schnetz, qui a aussi une remarquable aquarelle; de Chauvin, un *Paysage près d'une fenêtre ouverte*, composition d'une facture solide et d'un bon sentiment pittoresque; une vue du *Jardin des Petits-Augustins*, par Hubert-Robert, qui, indépendamment de son mérite d'exécution, offre un intérêt historique, parce qu'on y trouve une image fidèle d'une partie de ce fameux Musée des monuments français, organisé par Lenoir sous la révolution, et qui sauva de la ruine tant de magnifiques objets d'art. Outre deux dessins à la plume et au fusain, on vendra également un paysage d'Aligny, où l'on retrouve le style ordinaire de ce paysagiste, ses beaux ciels et ses lignes sévères, avec plus de légèreté et de variété, ce semble, que dans la plupart de ses derniers ouvrages. De même, un paysage de M. Théodore Rousseau, peint sur bois dans la première manière de ce maître, nous a paru, autant que nous avons pu en juger, à une hauteur et sous un jour peu favorables à l'examen, exécuté dans un ton plus vrai et avec des couleurs moins crues que n'en fournit actuellement sa palette. *Une vue du golfe de Naples*, du comte Turpin de Crissé, où il y a de beaux arbres et de jolis détails; deux tableaux de Charles de La Berge, dont les œuvres sont rares, entre autres le grand paysage historique qui fut son morceau de concours pour le prix de Rome, et en présence duquel on a peine à s'expliquer qu'il n'ait pas obtenu le prix, tant on y trouve de caractère, de vigueur et de largeur dans la distribution de l'ensemble et dans les oppositions d'ombres et de lumières tranchant par grandes masses; enfin un dessin à l'estompe de Fragonard fils, représentant *Psyché abandonnée*, avec des formes un peu massives pour un nom si aérien et si immatériel, voilà ce dont est formé ce que nous appellerons la moyenne de cette collection.

Le reste, à divers points de vue, a une valeur plus haute. Voici, par exemple, une curiosité sur laquelle il est probable que se portera le feu des enchères. Il s'agit d'une sépia, grande à peu près comme les deux mains, qui n'est point le chef-d'œuvre de l'art, mais qui est signée en toutes lettres Louis-Napoléon Bonaparte. C'est une vue du lac de Constance, dominant le château d'Arenenberg, séjour de la reine Hortense. Au premier plan, un pâtre, adossé à un arbre, joue de la flûte en gardant son troupeau. Ce dessin fut exécuté en 1832 par le prince, tout exprès pour Mme Récamier, qui, cette année-là, avait reçu l'hospitalité chez la duchesse de Saint-Leu.

Un morceau fort intéressant à un autre titre, c'est une miniature de Hall, l'un des rois du genre, représentant Mlle Necker, depuis Mme de Staël, à l'âge de vingt ans. Ce n'est guère qu'une ébauche, exécutée de verve, et qui plaira peu aux amateurs du travail précieux et fini. A vrai dire, son intérêt est moins là que dans la reproduction authentique des traits de cette femme célèbre, avant son mariage, à une époque où elle n'avait pas encore conquis l'illustration qui devait faire si souvent reproduire sa figure.

Il n'en est pas du pastel de Mme Lebrun (tout cela est signé) comme de la miniature de Hall : c'est un ouvrage aussi achevé que possible, d'une grâce, d'une finesse et d'un charme exquis. Il y a du Greuze dans ce type ravissant de gentillesse et de naïve coquetterie. Mme Lebrun, dans ses *Mémoires*, parle de cette *Jeune fille respirant une rose*, comme d'une de ses productions favorites : je le crois aisément. Quoiqu'il soit déjà âgé de quatre-vingts ans, ce pastel ne semble pas avoir souffert des ravages du temps, et je sais bien des tableaux à l'huile moins vieux de beaucoup et qui n'ont pas si vaillamment résisté.

Les trois derniers morceaux sont trois effigies de Mme Récamier, — un médaillon par Pradier, un buste de marbre blanc par Canova, un grand portrait par Gérard. Je ne me rappelle pas suffisamment le premier morceau pour en parler, mais les deux autres sont des œuvres hors ligne, qui doivent donner à cette vente un intérêt inaccoutumé.

Dans le buste de Canova, Mme Récamier est représentée sous le nom et les attributs de la *Béatrix* du Dante. Les *Souvenirs de Mme Récamier*, publiés récemment avec un si légitime succès, ont raconté dans quelles circonstances l'illustre sculpteur, qui s'était pris, comme tant d'autres, pour la belle Française, d'un attachement respectueux et profond, exécuta cet ouvrage, où l'on admire au plus haut point la souplesse, l'élégance, la grâce ordinaires de son ciseau. C'était en 1813, à la suite de ses premières relations avec Mme Récamier, qui était venue visiter son atelier, et pendant une absence de quelques semaines, au retour de laquelle il lui ménagea cette surprise. Ce buste a été fait de souvenir. Lorsqu'elle revint voir le sculpteur, Mme Récamier se trouva en face de son image modelée en terre. Mais, soit qu'elle crût ses traits peu propres à être reproduits par la sculpture, soit tout autre raison que nous ne rechercherons pas, elle ne put, au premier moment, contenir un mouvement de contrariété, dont l'effet demeura ineffaçable chez Canova. Le buste avait les yeux levés au ciel et la tête à demi couverte d'un voile tombant par derrière; l'artiste y ajouta une couronne d'olivier et en fit Béatrix, telle qu'elle apparut au Dante. Plus tard, l'œuvre fut exécutée en marbre, et après la mort de Canova, son frère, l'abbé envoya à Mme Récamier l'exemplaire qu'on pourra voir demain à la salle Drouot.

Nous voici maintenant au morceau capital de la collection, — le grand portrait en pied de Mme Récamier, exécuté par le baron Gérard en 1801, pour le prince Auguste de Prusse. C'est, sans contredit, un des chefs-d'œuvre du maître dans un genre où il excella. Mme Récamier est demi-assise, demi-couchée, en un déshabillé gracieux et

d'une négligence savamment étudiée, qu
laisse voir ses blanches épaules et ses beaux
bras pendants devant elle dans un abandon
plein de grâce. La main gauche retient une
draperie jaune qui enveloppe le bas de son
corps; de ses deux pieds nus l'un s'appuie
sur un tabouret. Sa charmante figure, animée d'une douce et souriante expression
de rêverie, s'encadre dans un appartement
à colonnes d'un style sévère et grandiose.
Le corps s'enlève et se détache sur le fond
avec une vérité parfaite, et le relief même
de la vie. Le dessin est d'une irréprochable
pureté; la couleur harmonieuse, séduisante, sans éclat criard et sans disparate, appropriée avec le plus grand art à l'admirable beauté du modèle et à la perfection de
ses formes. Tout y est d'accord; il n'y a
pas une fausse note. Et que dire de la légèreté lumineuse, de la fraîcheur et de la
transparence de cette magnifique peinture!

Espérons qu'on ne laissera point une
telle œuvre sortir de France; souhaitons-le
du moins de toutes nos forces : sa place
n'est même pas dans une collection particulière, où elle serait plus ou moins enterrée : elle est au Louvre, qui ne se la laissera pas enlever sans doute. Ce n'est pas
seulement en elle une des meilleures productions de Gérard, c'est encore le portrait
authentique et fidèle d'une de nos plus pures renommées, qui doit exciter la sollicitude du Musée. Le Louvre ne possède pas
de portrait de Mme Récamier; car l'*ébauche* de David, qu'il abandonna de lui-même, parce qu'il n'en était pas satisfait,

ressemble peu à l'original, et n'en reproduit nullement le charme; c'est plutôt comme un échantillon précieux, permettant d'étudier sur le vif les procédés du peintre, qu'il a été acheté par le Musée. Mme Récamier est une gloire nationale : il semble impossible de ne pas avoir d'elle un portrait, pour ainsi dire, national aussi et officiel, exposé dans une galerie publique à la légitime curiosité de la foule, et à la contemplation de ceux qui admirent le beau dans la nature et dans l'art. Ce ne serait pas sans un douloureux regret que nous verrions perdre cette occasion unique d'enrichir le Louvre d'un chef-d'œuvre, dont la place y est doublement marquée.

Siquot ti Signol   703 — ,,

de Boissieu)   513 — ,,

Dhios   100 — ,,

CATALOGUE

DE

TABLEAUX & DESSINS

LEBRUN (Mme).

1 — Jeune fille respirant une rose.

Pastel de forme ovale, signé : Mme Le Brun, 1781.

H. 54 c. L. 44 c.

HALL.

2 — Portrait de Mlle Necker (Mme de Staël), à l'âge de 20 ans.

Miniature signée.

H. L.

HUBERT ROBERT.

3 — Vue du Jardin des Petits-Augustins. (Musée des Monuments français).

H. 36 c. L. 46 c.

FRAGONARD Fils.

4 — Psyché abandonnée.

    Grand dessin à l'estompe, de forme ovale.

GÉRARD (François).

5 — Portrait en pied de Mme Récamier.

    H. 2 m. 28 c. L. 1 m. 54 c.

6 — Première pensée du portrait de Mme Récamier.

    Dessin à la plume.

FORBIN (le comte de).

7 — Soleil couchant à la Villa Borghèse.

    H. 32 c. L. 27 c.

CHAUVIN.

8 — Paysage pris d'une fenêtre ouverte.

    H. 47 c. L. 37.

Blanc   75 — „

Lenormann   19 800 — „

Comte de Brée   62 — „

Comte Chauvin   85 — „

Petit	205—,
Vicomte Duchatel	310—,
Kestel	43—,
	57—,
	12—,

DE LA BERGE (Charles).

9 — Les Filles de Cécrops découvrant le jeune Erichthonius. Paysage historique.

H. 1 m. 15 c. L. 1 m. 48 c.

Il n'existe qu'un très-petit nombre de tableaux de cet artiste; le plus connu est celui qui figure au Louvre, dans les Salles de l'Ecole française moderne. Celui que nous annonçons ici est le seul que La Berge ait peint dans une première manière plus large et moins réaliste que celle qu'il adopta plus tard.
Le tableau suivant est un des meilleurs spécimens de sa seconde manière.

10 — Intérieur d'une rue du mont Saint-Michel.

H. 26 c. L. 25 c.

PERROT.

11 — Vue de la porte de Volterra (Toscane).

H. 34 c. L. 35 c.

SCHNETZ.

12 — Grec blessé. Tête d'étude.

H. 33 c. L. 27 c.

13 — L'Arrestation et l'Interrogatoire d'un Espion. Scène du temps de Louis XIII.

Aquarelle.

TURPIN DE CRISSÉ (comte).

14 — Vue du golfe de Naples.

H. 73 c. L. 1 m. 11 c.

ALIGNY.

15 — Soleil couchant à la Villa d'Este.

H. 31 c. L. 42 c.

16 — Rochers de la forêt de Fontainebleau.

Dessin au fusain fixé.

H. 98 c. L. 76 c.

17 — Pastorale.

Dessin à la plume, avec hommage à Mme Récamier.

ROUSSEAU (Théodore).

18 — Vallée de Normandie.

Tableau peint sur bois, de la première manière du maître.

H. 35 c. L. 40 c.

De Vogüé (Marquis)   200 —,

                           240 —,

De Vogüé   165 —,

Barbet de Jouy   30 —,

Auguiot   355 —,

Comte Uruski . . . . 700 —

Pozzo di Borgo . . . . 160 —

Récamier (Ville de Lyon) . . . . 6100 —

19 — Vue du château d'Arenenberg.

Dessin à la sepia, signé : *L. Napoléon Bonaparte.*

Ce dessin fut exécuté pour Mme Récamier, par S. M. L'Empereur Napoléon III, dans l'automne de 1832.

(V. *Souvenirs et Correspondance tirés des papiers de Mme Récamier*, t. II, p. 412).

PRADIER.

20 — Médaillon en marbre de Mme Récamier.

SUPPLÉMENT

CANOVA.

21 — Buste en marbre de Mme RÉCAMIER, *connu sous le nom de* BÉATRICE, exécuté par CANOVA, en 1814.

RENOU et MAULDE, Imprimeurs de la Compagnie des Commissaires-Priseurs, rue de Rivoli, 141.

Sur l'invitation de Mr. C. Corbelleri, Nous soussignés
experts déclarons avoir procédé à l'examen d'un triptyque
attribué à Van Heemsking, représentant:

1° la pièce du milieu, la resurrection, 2° le coté droit
l'ascension, 3° coté gauche la Délivrance de St Sébastien;
Peint sur bois de 64 centimètres de hauteur sur 46, pour la
pièce du milieu, et de 64 centimètres 22 de largeur, pour les
volets.

En conséquence de notre examen, nous constatons que le tableau
est bien véritablement une composition très importante du
maitre au quel on l'attribue; et de plus nous avons reconnu qu'il
est du plus beau faire, et de très bonne conservation.

En foi de quoi nous avons signé la présente déclaration.
Bruxelles le 10 février 1860.

Alvin
Expert du Musée Royal Belge

E. T. Verschaffelt

Ed. Moes-Gossé

L. A. Verlinde

E. LANDAIS,

8, rue de Boulogne, 8

PARIS.

Paris, le 22 juin

Monsieur Dhios,
Expert

J'ai bien reçu v/ petit mot &c
Je suis parfaitement d'accord a[vec]
p[our] fre[] [] Catalogue

Le total de la vente s'élèverait
[...]
3[...] repris [...]

[...]
sur lesquels [...] à Vous Mr[...]
pour Paris en toutes sortes 10 [...]

Je Vous serai obligé
[]entre[] les règlements du []
auxquels Vous aurez rencontr[é]
Vous connaissez la solvabili[té]
[] [] valeur n'exc[]
90 jours terme d'usage
Agréez, Mon[sieur]
mes félicitations pour le r[ésultat]
cette vente mes bien sincèr[es]
E. Landa[is]

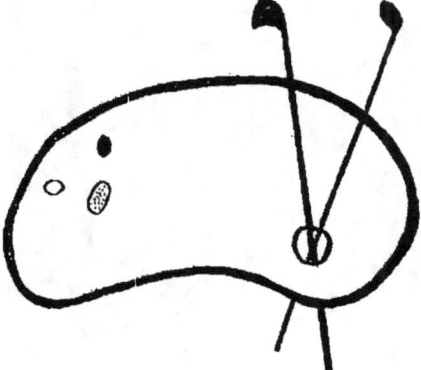

ORIGINAL EN COULEUR
NF Z 43-120-8

www.ingramcontent.com/pod-product-compliance
Lightning Source LLC
Chambersburg PA
CBHW071201240526
45470CB00017B/1090